붉은 심장의 존재 이유라고 하자

이태연 시집

문학의전당 시인선
388

붉은 심장의 존재 이유라고 하자

이태연 시집

문학의전당

시인의 말

아주 먼 훗날
누군가 이 시집을 읽고
옛날에는 이런 사람도 살았었구나, 하며
한번이라도 더
책장을 넘겨준다면
그것으로 충분할 겁니다.

2025년 5월
이태연

차례

시인의 말

제1부

백일홍	13
첫 비행	14
바닥	16
오줌발이 대장이던 시절은 가고	17
돌에 대한 소고	18
죽어서 밥이 되다	20
노을 속으로	21
비비추	22
아버지의 장례식	24
어떤 조의금	25
집게벌레	26
조삼모사(朝三暮四)	28
시절인연	29
실유카	30
하바설산(哈巴雪山)	32

제2부

시만 써도 혈당은 올라간다 35
화환과 조화 36
ALL THE WAY TO ZERO 38
알리움 39
인정투쟁 40
착한 사람 42
시인 43
스투키 44
오늘 46
클로버를 보면서 47
MAN'S SEARCH FOR MEANING 48
유리창 50
확실한 차이 51
합리적 의심 52
까닭 54

제3부

나중은 시작을 보증한다　57

이름표　58

아픈 전환　60

시작의 이유　61

신학대학　62

욕지도 어선 전복　64

3D　65

돈의문　66

어째야 쓰까이　68

꽃길　69

구두에 자꾸 눈이 간다　70

태몽 이야기　72

비 오는 날에는　73

그날 북창동　74

아가베　76

제4부

풍개　79
운명　80
아버지의 시계　82
어떤 장례　84
아득　85
삼천포 전신전화국　86
쿠폰 한 장　88
카세트　90
이팝나무　91
끝없는 사랑　92
삶은 고구마　94
김포족　96
형배호　98
골든타임　99
와룡산　100
일요일의 교훈　102

해설 | 보라, 착한 사람의 시가 여기에 있다　103
　　　우대식(시인)

제1부

백일홍

필 때 질 것
이미 알고 있었지만

그렇다고
안 피울 수는 없는 노릇

예정된 저녁 비는
또 어쩔거나,

백일을 붉었어도 아쉬운
저 작은 꽃잎들

첫 비행

은사시나무 둥지 밖
까막딱따구리
먹이 물고 마중 물질하듯
온종일
다 자란 새끼들
세상으로 불러낸다

새들은 안다
이 비행 끝나고 나면
제 나무의 둥지로
돌아오지 못한다는 것을
추억의 깃털 쌓였어도
영영 이별이라는 것을
끝내 엄마까지도

스스로 날고 치솟고
사랑하고 그리워하면서
오래 검은 가지 옮겨 다닌 후에야

새들은 안다
아빠가 그랬던 것처럼
빛나는 깃털 가진
까막딱따구리가 된다는 것을

바닥

1호 회수산
노련한 주방장 손에 잡힌
자연산 돔 한 마리
처절한 몸부림에
환한 한낮이 찢긴다

살면서 여러 바닥 경험했겠지만
지금이
생의 마지막
바닥이라는 사실 알고 있다는 듯
수시로 칼 맞고 사는
나무 도마조차도 누렇게 질려버렸다

자기 바닥을 모르는 사내 몇
아직 덜 떨어졌다는 듯
술잔 들고 힐긋댄다

오줌발이 대장이던 시절은 가고

    오래전 딱히 가지고 놀 게 없었던 시절, 동네 꼬마들 밥 먹고 하나둘 집구석에서 기어 나오면 누구 제안이었는지, 약간 높이가 있는 계단 옆으로 쭉 늘어서서 오줌 멀리 보내기 시합을 했다. 얼굴은 물론 이름도 새까맣게 잊은 가시나 하나 중간에 앉고, 양옆으로 머시마들 쭉 늘어서서 하나, 둘, 셋 오줌을 동시에 싸질렀다. 청와대 앞 분수처럼 힘차게 솟구쳐 동네 머시마들 다 바보로 만들어버린, 오줌발이 대장이던 시절은 가고

돌에 대한 소고

침묵에도 소리가 있다는데
돌이라고 향기가 없을까.

건성건성 보면 다 돌
하나하나 뜯어보면 사연 읽을 수 있다.

사람도 그렇다.
자세히 들여다보면
아프지 않은 사람 하나 없고
다른 한편
사랑스럽지 않은 사람 없다.

꽃도 자세히 보면
이쁘지 않은 꽃 하나 없다는 게
대한민국 정설
향기, 모양, 색과 질감 다 꽃에 빠지지만
돌은 굳게 버틴 시간이 있으니
자세히 보면 더, 더 예쁘다.

하지만
주워 드는 내 손
돌 향기에 외로움 스밀까 멈칫한다.

죽어서 밥이 되다

비 갠 뒤
더 뜨거운 햇볕

상가 옆 한적한 인도 가장자리
한 뼘도 넘을 것 같은 지렁이
한 마리 죽어 있다

익사하지 않으려는 시도
혹은,
붉은 맨몸의 오체투지였나

동네 개미란 개미, 하루살이, 똥파리까지
문지도 따지지도 않고
각기 제 밥벌이의 환락 중이다

아직 꿈틀대는 듯 보여
목숨아,
누가 그 몸의 문자를 읽어줄까

노을 속으로

검붉게 끝을 시작하는
저 노을 속으로

누가 던진 듯
작은 배 하나
쏜살같다

말미도 주지 않고
머뭇대는
인사마저 없이
휘청이던

두 무릎 꺾기도 전
순식간 가버린
아버지처럼

비비추

허리 밴드 하시고
지팡이 두 개 잡고 엉금엉금
할아버지 옆에 거느리시고
보라색 꽃 이름
할아버지에게 묻는다

여든은 족히 넘어 보이는 할아버지
나는 니 말고
다른 꽃에는 관심 없다신다
옆을 지나다 말고
비비추라고 그 이름 알려 드린다

비비추, 비비추……
몇 번을 되뇌신다
좀
지나서
돌아오시는 길

아까 그 꽃,
이름이 뭐라 카더라
비빔밥도 아니고, 비조리도 아니고,
비… 뭐라 카더마!

아버지의 장례식

고모 이모들
먼저 다 가버렸으니

진한 곡소리
한번 못 들어보고

작은 흐느낌
몇 번으로 끝나버렸다

어떤 조의금

추스르고 일상으로 돌아와
첫 출근길
제법 오랜만에 뵙는 지하 2층 청소 아저씨
며칠 차가 안 보이던데
어디 갔다 오셨느냐 묻는다.

부친상으로 고향 갔다 왔다고
무심코 응대했는데
오늘 아침 5층 사무실까지 찾아와
하얀 봉투 한 장
서둘러 던지고 나가신다.

내가 이렇게까지
귀한 분들에게조차 사랑받는 존재였던가,
슬며시
서럽고 코끝이 맵다.

집게벌레

바람 한 점 없는 목요일 아침

집게벌레 한 마리
고소한 빵 내 가득한
브랑제리 깔끔한 바닥 여기저기
종횡무진인지 안절부절못하는지
혼자 바쁘다.

지그시 밟아 죽이거나
신문이나 책으로 때려죽였던
젊은 나는 오간 데 없고
눈길만 따라 바쁘다.

저도 제 의지와 상관없이
험한 세상 나와서
다만
오늘을 살아갈 뿐이라는 걸
이 아침의 나는 알아버렸기에

죽일 수 없다.

저 집게벌레가 이 동네
진짜 원주인인지도 모른다.

조삼모사(朝三暮四)

삼천포 김약국은 김 팔고
바다약국은 바다 팔고
제일약국은 제일 팔고
포항 럭키약국은 럭키 팔고

유명약국에서는 유명을 팔고
백세약국에서는 백세를 팔고
조은약국에서는 좋은 거 팔고
비타민약국에서는 비타민을 팔고

아침에 다 필요한 것 같다가
부질없다, 해 지면
다 쓰레기 될 건데 싶은

나는 이제 어느 약국으로 갈거나

시절인연

일제강점기 끝에 태어나서
6·25 전쟁 겪고
혁명 아닌 혁명도 견뎌내고
쿠데타도
온몸으로 다 받아냈던
말 없는 역사가
하나하나 지고 있다

눈앞이 자꾸 캄캄해진다

실유카*

누우면
누운 채로

넘어지면
넘어진 대로

원래
아래로 향해 피는 꽃
층층이 매달고

화분이면 화분
화단이면 화단

죽겠다,
좋다, 별말 없이

한 계절
제멋대로 살더라

나만
애처로워 동동
바쁘더라

―――――――
＊용설란아과의 떨기나무.

하바설산(哈巴雪山)*

구름
바다 되면

산은
섬이 되고

나는
바람 되리

---

*하바설산(哈巴雪山): 중국 윈난성 샹그릴라시 남동쪽에서 약 120km 떨어진 곳에 자리한다. 하바(哈巴)는 나시족 언어로 '황금의 꽃'을 의미하는데, 산 정상이 연중 눈으로 덮여 있고 황금빛을 띤다.

제2부

시만 써도 혈당은 올라간다

물만 마셔도
혈당이 오른다는 말
당뇨인들
호들갑 정도로 알았다.

화학산업 원로 사장님
운동만 해도
어느 순간
걷잡을 수 없이 오른다는 말 설마 했다.

세상 편안하게
새벽잠 깨어 뒤척이는데
갑자기 날아든 시
한 수 힘껏
챔질하고 나니
혈당이 130에서 159까지 올라 있다.

이제 시만 써도 혈당이 오른다.

화환과 조화

작은 나라에서 살아서인지 요즘 우리 국민
생업은 생업대로
나랏일은 나랏일대로
주중, 주말 쉴 틈 없이 다양한 걱정거리 안고 삽니다.

누가 부추겨서 그렇기도 하겠지만
여의도로 광화문으로
태극기 들고, 응원봉 들고 나가고
대로변에는 화환과 조화 끝도 없이 늘어섰습니다.

난리 통에 돈 버는 사람 따로 있습디다.

이다음에 사업을 또 할 기회가 온다면
한두 시간 쓰고
재활용 들어가는 결혼식 화환과
리본만 떼어서 벽에 걸어 놓는 조화

트럭 안에서 혹은 식장 다용도실에서

생화 몇 개
리본만 교체하면
바로 돈으로 변하는
이 엄청난 사업 해보렵니다.

ALL THE WAY TO ZERO

거대 공룡 선사
머스크의 초대형 화물선
앞뒤 옆에 쓰인 글귀
눈에 쏙 든다.

ALL THE WAY TO ZERO
끝까지
온전히 영이 될 때까지

나 같은 업자의 눈에는
세상에
실어 나를 짐 한 톨 남지 않을 때까지.

알리움

오늘이 오늘인지라
무한한 슬픔 안고
멀어지는 마음으로
보랏빛 알리움 들여다보니
같은 모양의 자잘한 꽃 수없이 모여서
온전한 꽃 하나 만들었으니
사람 사는 세상이나
꽃 피는 세상이나
매한가지

인정투쟁

인간이란
세 살부터 인정투쟁 들어간다
그 투쟁 죽어야 비로소 끝이 난다.

안 그래도 큰 사람이
못 보는 사이
덩치는 더 커진 듯
콧수염까지 붙이고 나온 후배가
소주에 맥주 말아 놓고
첫 잔 털기 전
기도하듯 말문 연다.

있는 듯 없는 듯
존재감 희미하고
체격 성격 다 밋밋한 나는
무슨 인정을 얻고자
이 세상 죽도록 애를 쓰는가.

혼자 묻다가
인간이란 정 따라 투정한다,
진리 깨닫는 저녁.

착한 사람

아내의 끊임없는 가르침과 질타로
이제 나는 집에서 앉아 볼일 보는 사람이 되었다.

시인

나라와 겨레를 위해
목숨 걸고
소신껏 싸우다가 돌아가신 분 중
자신의 명을 다 살고 가시면 선생,
그렇지 못한 분은 의사, 열사로 분류된다고 한다.

김구 선생, 백기완 선생
안중근 의사, 윤봉길 의사, 이봉창 의사
유관순 열사, 나석주 열사, 이준 열사
등등

그릇도 작고
용기마저 약한 나는,
꽃이나 돌처럼
아무 조건 없이 부를 수 있는 시인으로
어렴풋이라도 기억되면 좋겠다.

스투키

다 해도 안 되더라,
하던 대로 하니 더 안 되더라.

옆 사무실 이사하며 두고 간 스투키
나무란 나무 다 좋아하고
새것이면 더 좋아
업둥이일망정 보란 듯이
화분들 사이 자리 잡아 주었다.

월요일 아침,
화분에 빠짐없이 물 주는 나만의 규칙
스투키는 유독 마른다.
기어이 옆으로 누워버렸다.
어쩌나,
회사 1층 꽃집 사장님께 여쭈니
주인이 부지런하면 빨리 죽고
게으르면 늦게 죽는 게 스투키라네.

예순 즈음 내 품성 바꾸기 어려우니
나보다 한참 어린 스투키,
때맞춰 비 오는 주말 오후
원래 자리에 도로 내다 놓는다.

오늘

새벽 4시 55분 경주 지진 밖은 한파 특보

탈의실 소형 쓰레기통
산삼 한 병
두유 한 팩
비타500 한 병
비타민C 빨간색 포장지 하나
아침 혈압약으로 보이는
비닐봉지 두어 장
오늘을 살아보려 애쓴 사람들
무심코 남은 여러 흔적

나는 오늘 누구랑 무엇 때문에 싸워야 하는가.

클로버를 보면서

세 잎이든 네 잎이든
간혹 다섯 잎이든
하나같이
땅에 바짝 붙어살더라
잠깐인 그 꽃도
그렇더라

사람아
사랑의 사람아

행복이 그대
머리 위로 올라가면
불행으로 쉬이 변할지 모르니
행운이 찾아오거든
바닥에 착 깔고 사시라

MAN'S SEARCH FOR MEANING

—죽음 앞에서 수프를 먹다

죽음이 지천일 때는
그다음 순서가
나만 아니면 된다는 생각

끌려가는 죽음을
창 너머로 보면서
숨 쉬는 난
지금

뜨거운 수프를 맛있게도 먹는다

—아우슈비츠

운이든 기적이든
살아서 돌아온 사람들은 알고 있다

지상에서
정말 괜찮은 사람은
저 하늘나라에서
미리 데려가 버린다는 것을

유리창

대부분
사람 마음

저
투명한
유리창 같아서

한번 깨지면
절대
복원 불가

확실한 차이

새벽
운동장 생수대 위
누군가
잠시 놓고 간 듯
투명 텀블러 하나
물 마시는 내내
눈에 들어온다

―너 같은 사람 또 없어

너라는 사람,
참 귀한 사람이구나

나라면
―니 같은 놈 처음 봤다

합리적 의심

내가 오래전에
증여세도 내지 않고 어머니에게서
물려받은 당뇨병도 그렇고
고혈압도 그렇고

현대 의학으로
충분히 정복할 수 있는데 안 하면서
못하는 것처럼
대놓고 미루는 건 아닌지

낼모레 대장내시경 받기로 했는데
사흘 전부터
이것저것 음식도 자제케 하고
몸을 준비시키는 것도

좀 더 연구하면
그렇게 굶기지 않아도 될 수 있는데
소비자인 검사대상자의 불편함을

별로 생각지 않는 건 아닌지

코로나 사태 이후
내 딴으로는 합리적 의심이 드는 것이다

까닭

내가 너를 사랑하는 까닭은
자연의 섭리라고 해두자

한마음으로 기다릴 줄 아는
태산의 우직함이라고 해두자

아무도 모르게 긴 세월 참아낸
시간의 화석이라고 해두자

끊임없이 다시 고동치는
붉은 심장의 존재 이유라고 하자

제3부

나중은 시작을 보증한다

남강에서 시작된 나의 여정
삼천포항
또 남강
한강
한탄강 다시 한강으로 이어진다.

이제는
태평양, 대서양, 인도양 등
오대양과 육대주
구석구석
배 닿은 곳이라면 다 돌아다닌다.

물의 인연,
생애 정수(精髓)인 줄 진작 알았다면
수영이라도 좀 배워둘 것을
남들 종이비행기 접을 때
태연하게
종이배 띄운 운명 탓이라 갈음한다.

이름표
— 필오션라인

군인이
오른쪽 가슴에 이름표 단다는 건
모든 걸 다 건다는 말이다

최후에는
목숨까지도 기꺼이 내어놓겠다는 말이다

그래서
우리는 이름 위나 옆에 사인을 한다
끝까지 책임지겠다고

길거리 간판조차 그런 거다
이름대로
최선을 다하겠다는 고객과의 약속인 거다

바다를
사랑하는 사람들 모여 사는
필오션라인도 그렇다

온 세상을
바다를 사랑하는 사람들로
가득 채우는 그날까지 가보는 거다

아픈 전환

병아리
노란색
시작인 줄로만 알았는데

어린아이
빨간색
신발도 그런 줄 알았는데

오늘날 대한민국
노란색도
빨간색도 마감을 의미하는가

시작의 이유

나를 낮추고
씨사이처럼
헛소리해 쌌다 보면
주위 사람들
잠시라도 즐겁고

또 세상이
심각 단계에서
경계 단계로
잠시라도 가벼워지기를
바람에서입니다

신학대학

겨자씨 한 알로 태산을 옮길 수 있을까.

저녁 뉴스는
혹시 언젠가 일만 피트 상공에서나 지나쳤을
튀르키예, 시리아 같은
생소한 이름 숨차게 불러댄다.

큰집, 외갓집 온 집안 다 교회 다니는데
나 하나 정도
목사가 되는 것도 나쁘지 않겠다,
속으로 생각한 적이 있었다.
젊고 패기 넘치던 아버지,
목사를 업으로 하는 건 아니지 않나 하시고
어머니 따라나서던 교회도 효도 차원
한때의 속 생각 와룡산에 그대로 누여놓고
서울 생활 뛰고 걷기 마흔 해도 넘었다.

예순 지나, 내 인생 결말을 말할 수 없지만

고집 안 부리고
아버지 말씀 듣기 잘했다는 생각이 든다.
지진으로 갈라진 땅덩어리 보는 내내
봄에 떠난 아버지 빈자리 어둡게 겹쳐지고
아무렇게도 나는 태산을 옮길 믿음을 키울 수 없다.

욕지도 어선 전복

큰바람 불면
출어 말고
출애굽기처럼 환난 극복 이야기나
듣고 앉았으면
안 되나,

제 목숨은
제가 보살피고, 또 보살펴야 한다.

나라야, 제발
바다 출입 적극적으로 통제하시라.

3D

만차 불빛에 밀려
지하주차장 돌아 돌아 내려간다.

3D 대세인 동네
3D, 3D, 3D
이 깊은 곳에
힘들고 더럽고 위험한
남이 하지 않으려는 것들
말없이
조용히 해내는
사람들 있어 세상이 돌아간다.

함부로 발로 차지 마라,
선수 놓쳤으니
D 하나 덧붙여 크게 응원한다.
그 인생 드라마 되시라!

돈의문

해 지는 쪽 보며 사는지라
약 타러 나서는 방향
수시로 서쪽만 가리키는지라
귀담아들은 이야기

서대문의 옛 이름 돈의문
그때나 지금이나
없는 사람들
아침저녁으로 들락거리면서
부자 되라는 뜻 밝혀
애초에 '돈의 문'으로 시작했는데

없는 사람들
배부르고 등 따시게 되면
시답지 않은 말 무시하게 될까 봐
머리만 좋고 속 검은 무리
동대문 맞은편 서대문,
그냥 서대문 했다는데

설마 하면서
슬퍼지는 건 무슨 까닭,
전설이 왕조실록보다 와닿는 시절이다

어째야 쓰까이

봄비와 아침 안개 장난으로
하얏트 호텔 뒤
뽈 솟았던
서울 N 타워가 사라져 버렸다

지금 볼 수 없는 저 타워는
비 그치고
날 개면
짠하고 다시 나타날 거다

그러나
하늘나라 보내드린
그 많은 분들은
꿈에서조차 뵐 수 없으니

어째야 쓰까이!

꽃길

채 시들지도 않은
배롱나무꽃
길바닥을 덮고 있다

무슨 빛나는 꿈
손에 꼭 쥐었는지
하나같이 고개 숙인 사람들
무던히 밟고 지나간다

시도 때도 없는 환호
꽃길만 걸어라,
그게 아직 숨 쉬는 것 같은
저 여린 잎들
무심히 밟고 가는 거라면

단연코 나는 마다하리,
에움길로 멀리 돌아가런다

구두에 자꾸 눈이 간다

낮 기온 섭씨 영상 38도
방금 노상에서
구두 닦는 아저씨
왔다 가셨다.

일주일에 두세 번 닦을 만한 구두가 없다.
지하주차장에서 지하주차장으로
낮엔 주로 운동화로 이동하다 보니
구두에 먼지 앉을 일 거의 없어졌다.

요즘 변신 중인 트렌드
넥타이 판매점, 양복점 찾기 힘들어지듯
맞춤 구두 가게, 기성 구두점도
찾아보기 어렵다.

삼십 분 남짓
가져간 구두 반짝반짝 닦아
가지고 와서는

긴 호흡과 함께 나가는 아저씨

세상 중심에서 점점 더 멀어지는 것 같아
구두에 자꾸 눈이 간다.

태몽 이야기

돌아가신
할머니랑 고모랑 나랑
셋이서
시내버스 타고 가는데

버스 뒷문
바로 옆자리
예쁜 사자 한 마리 앉았더라고

그래서 다 자란 딸
영어 이름은
제시보다
핑크 라이언이어야 한다고

서열 밀리는
내 주장

비 오는 날에는

비 오는 날에는
하이페츠의 바이올린으로
비탈리의 샤콘느를 듣고 싶다.
어둠 없이 잠기고 싶다.

휘어질 듯 작은 몸에서
세상의 소용돌이치는 슬픔
다 담은 듯
뿜어져 나오는 저 격정

찬란한 슬픔의 유희
비와 더불어
음악의 바다에 떠밀려
나는
검은 우주와 지치도록 춤추고 싶다.

그날 북창동

하룻밤 새
그 길은 아주 다른 길이 되었다.

어젯밤 대한민국 인구가
아홉이나 줄었다.
내가 아침저녁으로 다니는
북창동 인근
차로도 지나고 걸어서도 지나는 길

각기 다른 일, 다른 사연, 다른 나이와 성별
그러나 같은 신호대기 중
미친 듯이 덮친
승용차에 속수무책 당해버렸다.

아빠 아니라고 말해, 아니라고 말해
참사 현장 땅바닥에 드러누워서
어리광부리듯 한 처녀가 울부짖는다.
졸지에 떠난 아빠는 미안해서

누운 딸에게 차마
아무 말 못 하고
영정사진 뒤로 숨어 흐릿하다.

새벽 다섯 시 막 지나 출근길 세종대로
우측 희미하게 보이는 사고 현장
흰색 와이셔츠 입은
남자 하나
어둠 속에 가만히 서 있다.

하룻밤 새
아홉 겹, 아니
수천수만 겹 눈물이 깔린 북창동 그 길

아가베

섬세함과 용기
강한 의지를
꽃말로 두고 있습니다

내게는 없는
불굴의 강한 의지가 좋습니다

처음 만난
대형 아가베
자주 눈길 주기로 합니다

그 형상,
자태에 빠져 지내는 동안

아마
내 가슴속에는
불굴의 무언가가 자라고 있을 겁니다

제4부

풍개

시큼한
풍개
묵다 보니

싱그러웠던
엄마
생각이 난다

운명

실내 운동장 고정 라커룸 키
164번

나의 최근 몸무게
64.96kg

고향에 있는 땅
164.96평

자동차 번호
700억 6418

내가 태어났다는
1964년 12월 25일 음력

커가면서 언젠가 지났을 키
164cm

가만 보니
숫자 64와 평생을 친하게 지내야 할 이것도
아마, 운명

아버지의 시계

1.
코로나 이후 첫 상해 출장
돌아가신 아버지 함께 간다.

동행한 비행기 여행
단 한 차례도 없었지만
내가 열 살 무렵인가
삼천포에서 서울로, 다시 여주로
기차, 버스 번갈아 탔던
긴 멀미 여행 생각난다.

상해 좋은 곳도 가보고
맛난 중국 음식도 같이 먹고
거기 사람들 실컷 보여드릴 요량에
모처럼의 단독 출장
외로울 틈 없을 거 같아 힘이 난다.

2.

이따금
깜빡깜빡 조는
아버지의 손목시계

올 3월 4일이면
가신 지 꼬박 1년
배터리 한번 교체했고
별문제 없이 잘 간다.

언젠가 내 수명 다하는 날
저 손목시계
염주나 묵주처럼
혹은 팔찌처럼
내 왼 손목 따뜻이 감싸고 있지 않을까.

어떤 장례

일요일 아침
한남대교 근처 뚝방길에서
죽은 들쥐 한 마리 또 만난다
근방 들고양이 장난이었나

커뮤니티에서 받아온
따뜻한 아메리카노
온기 아직 남았는데
반도 못 마신 커피 쏟아버리고
그 안에 들쥐 담고
적당히 양지바른 데까지 운구했다

땅에 묻고
그 위에 비석 대신
인디언 표식처럼 몽돌 두 개 얹어 주었다
다음 생엔 아메리카 회색늑대가 될까,
살짝 빌어주었다

아득

한강 공원 초입
자전거 끌고 가던 아저씨
구부정 할머니 손 잡고 가는
새치 희끗한 중년에게
어머니냐고 묻는다.

의아해하는 낮은 음성
그렇다니까 갑자기 울먹인다.
자기는 어머니 얼굴도 모른다고
손으로 연신 코를 푼다.
부럽다고, 부럽다고

소리 다 들리는 거리인데
목에 큰 바위 박히는 듯
꼼짝없이 아득하다.

삼천포 전신전화국

온 나라 가난했던 1960년대
객지 삼천포에서 신접살림
리어카 빌려
부두에서 막일하셨다던 아버지

낯선 길, 수줍음 떨치고
굴다리 밑에서
돌쟁이 나를 업고
풀빵 장사하셨다던 어머니

시절 탓 않고 고생이라 생각 않고
드디어 삼천포 새시장에
살포시 문 연 구멍가게

잘 걷고 뛸 수도 있던 나, 주문 오면
소방서나 파출소
그중 삼천포에서 제일 큰 빌딩
전신전화국으로

이것저것 가벼운 심부름했던 기억

셈에 약한 어린 나에게
손가락 접어가며 천천히
물건값 계산해 주었던 전화국 누나

아침 운동 마치고 사우나에서
씻고 닦으며
인사와 안부 오가는데
현 KT 사장님이 건네는 덕담

오, 되살아오는 삼천포 전신전화국

쿠폰 한 장

과거로 돌아갈 수 있는
쿠폰이 한 장 주어진다면

중학교 입학 후
아버지 작은 짐 자전거 겨우 탈 수 있었던
까까머리 그때로 돌아가고 싶네

빠글빠글 파마머리 주근깨 보이던 얼굴
꾸밈없는 작업복 겸 외출복
몸빼바지 입고
빨간색 바께스 왼팔에 끼고
처음이자 마지막으로
시장까지 좀 태워 달라던 젊은 엄마 만나고 싶네

남들도 다 그러고 다니셨지만
어찌 그리도 내 엄마만 창피하던지
온몸으로 페달을 밟으며
뒷자리 짐칸의 엄마가 빨리 내리길 바랐네

주유소 앞에 엄마를 내려주고
나는 영 딴사람처럼
모른 척 바람처럼 사라졌지만

이제 과거로 가는 쿠폰으로
내 엄마 다시 만나면
천천히 부드럽게 가시밭길도
아스팔트처럼 모시고 싶네

카세트

아버지는 젊으실 때부터
집에 계시면
언제나 라디오를 틀어놓고 사셨다.

동네는 바람, 파도 소리에 잠기고
우리 집은 종일 뉴스도 지나가고
연속극도 지나가고
가요 프로도 지나가고
아버지 덩달아 지나가셨다.

낙상 이후 몸져누워
마지막까지 듣고 사셨던
그 신형 카세트

지금도 가끔 반짝이고
어쩌다 소리까지 난다.

이팝나무
― 장인

"자네, 우리 금이가 어디가 좋은가?"
"다 좋습니다."
"됐구만, 됐어!"

없이 살 때
흰 쌀밥
고봉으로 꾹꾹 눌러 담아주던 봄날

애써
태연히

"다음 세상에서 또 뵙겠습니다!"
군말 없이 다음 생의 인사를 건넨다.

그때도 제 아버지 또 해주실 거지요.

끝없는 사랑

가을 오면 그 사랑 생각난다.
이십 년도 전,
루틴처럼 삼천포 시골집 여름휴가 보내고
규정 속도 준수하며 서울 올라가는 길
코앞에서 목격하고 만 대형 참사

어디 구간쯤이었을까,
고속도로 누비며 짝짓기 한참이던
잠자리 한 쌍
비명조차 못 내지르고
운전석 와이퍼 사이 구멍으로 빨려들어 왔다.

경부고속도로 상행선 마지막 휴게소
맛있는 된장국 점심 내릴 때까지
서로 꼭 껴안은 채 마주 보고 고개도 흔들며
끝없이 사랑에 열중하는데
못 본 척 도리 없었다.

운전 끝 구간 몸은 피곤해도
"얘들이 아직 살아 있나?"
힐끔대며 지나서
마침내 파악된 끝없는 사랑의 진실
정작 꼬리는 어디 가고 큼지막한 겹눈만 멀뚱멀뚱

죽음도 갈라놓지 못한 애절한 사랑,
혹은 볼일 다 본 껍데기에 속은 나의 귀경길.

삶은 고구마
―뭉치

일요일 새벽
별다른 일정도 없는데
좀 더 자도 되는데

뭉치 녀석
아직 네 발 쓰고 말도 못 하지만
누나 방에서
다 자고 나와
엄마 아빠 방문 밀고 쳐들어온다

곤히 주무시는 아내 깰까 봐
얼른 침대에서 일어나 거실로 나온다

이제 나는 소파에 누워 시를 쓰고
서열 2위지만
저만 모르는 뭉치
아빠 그만하고
삶은 고구마 내놓으라 농성 들어간다

확실한 서열
꼬라비, 결국
시심 잃고 당 충전만 한다

김포족*

아내는 아직도
친정어머니
막내 김장보조

왕창 모아서 가을에
하는 것도 아니고
그냥 김치 떨어질 만하면
몇 포기씩 담가 먹는다

그 수혜
사위인 내가 고스란히 다 보긴 하지만

내 어머니
"무바라 마싯따"
말씀 들을 수 없어진 지
이미 수십 년

장모님이 무김치

큼지막하게 잘라 놓으시면
여러 차례 베어 물고
아삭아삭 소리 내며
맛있게 씹어 제끼는 사위 보기 좋은 건지

손맛 좋은 장모님
무김치 잘 씹다가
가끔 연한 무에 덜컥 목이 막힌다

---

*김포족: '김장을 포기하는 사람들'을 일컫는 말. 이 시에서는 '포기'가 아니라 '분산'이다.

형배호

앞으로는 지난 몇 달 동안 겪었던 그런
엄청난 일은 없을 거라고
고생 많았다고
나라에서 얼마나 일을 많이 시켰으면
6년 만에
백발노인 되어 떠나는 형배호

골든타임

72시간 골든타임
지진이나
건물
구조물 붕괴 사고
현장에서 희망입니다.

단 4분 골든타임
심정지 상태
놓인 사람
아슬한
짧은 희망의 순간입니다.

기억하세요,
골든타임
이 순간의 희망.

와룡산

그래, 나 언제 죽으면
와룡산 기슭
돌부리 엉킨 데라도
묻어주오.

발목 뿌리에 단단히 감기고
눈은 바다,
먼바다 끝까지 닿을 수 있게

세상 거친 때
대숲 바람에 한번,
대붕(大鵬) 같은 해풍에 한번
맑게 씻기도록
고운 흙 슬며시 뿌려주오.

모두 와서
모두 여기로 돌아갔으니
바다에 닿아 젖는

와룡산 기슭
나, 여기 그냥 묻어주오.

일요일의 교훈

일요일 아침 〈TV 동물농장〉

옥상에 둔 개 장난감 인형이 하나씩 둘씩 사라지자 기가 찬 주인이 동물농장에 제보를 했단다 촬영팀 도움으로 어렵게 범인을 잡고 보니 다름 아닌 도둑고양이다 그 고양이는 밥 주고 집 주고 사랑을 준 새엄마를 즐겁고 기쁘게 하려는 마음으로 그동안 그 많은 인형을 물어 날랐더란다

사람아
은혜를 원수로 갚는 사람아
이 일요일 아침에
인형은 고사하고
덜 수고로운 말이라도 한마디 하자구나

사랑한다 그 말이,
뭐 그리 어렵냐!

해설

보라, 착한 사람의 시가 여기에 있다

우대식(시인)

　이태연의 시집 『붉은 심장의 존재 이유라고 하자』를 읽으며 먼저 생각을 키운 것은 과연 이 세계는 살만한 곳인가 하는 물음이었다. 이태연의 시가 대상으로 삼는 사물이나 관념들은 대개 일상의 범속한 것들이었다. 시적 포즈나 과장을 집어던진 채 마주하는 사물의 진경을 통해 자신의 시적 의지를 관철하는 모습은 인상적이었다. 자연과 삶 속에 마주하는 범속한 이치야말로 버릴 수 없는 가치라는 알레고리적 교훈은 이 시집 전체의 주제 의식이라 할 수 있을 것이다. 우리 생활의 현장에 밀착된 시어와 발상은 시에 대한 가독성을 높이는 효과를 발하고 있었다. 가장 먼저 만나는 핍진한 정서는 돌아가신 아버지에 대한 시편들이다.

1.
코로나 이후 첫 상해 출장
돌아가신 아버지 함께 간다.

동행한 비행기 여행
단 한 차례도 없었지만
내가 열 살 무렵인가
삼천포에서 서울로, 다시 여주로
기차, 버스 번갈아 탔던
긴 멀미 여행 생각난다.

상해 좋은 곳도 가보고
맛난 중국 음식도 같이 먹고
거기 사람들 실컷 보여드릴 요량에
모처럼의 단독 출장
외로울 틈 없을 거 같아 힘이 난다.

2.
이따금
깜빡깜빡 조는
아버지의 손목시계

올 3월 4일이면

가신 지 꼬박 1년

배터리 한번 교체했고

별문제 없이 잘 간다.

언젠가 내 수명 다하는 날

저 손목시계

염주나 묵주처럼

혹은 팔찌처럼

내 왼 손목 따뜻이 감싸고 있지 않을까.

―「아버지의 시계」 전문

"아버지의 시계"는 아버지의 환유라고 할 수 있다. 1연의 "코로나 이후 첫 상해 출장/돌아가신 아버지 함께 간다"는 설정은 시적 화자가 돌아가신 아버지의 시계를 차고 상해 출장을 갔다는 말이 된다. 아버지 살아생전 "동행한 비행기 여행"이 한 번도 없었다는 안타까운 고백은 또 다른 연상을 불러일으킨다. 어떤 이유에선지 모르지만 열 살 무렵의 "삼천포에서 서울로, 다시 여주로/기차, 버스 번갈아 탔던/긴 멀미 여행"이 아버지와 동행한 유일한 여행이었던 것이다. 이 고단했던 여행은 아마 현재적 의미로서의 여행은 아니었을 법하다. 단 아버지와 먼 길을 함께했던 기억이라 할 수 있다. 아버지의 시계를 차고 좋은 곳도 가보고 맛난 것도 먹어보는 여행은 가상의 현실이다. "이따금/깜빡깜빡 조는/아버지의 손목시계"에서 생을 다한 아버지를 느끼는 시적 화자의 감정은 육친에 대한 절절함 그 자체라 할 수 있다.

> 고모 이모들
> 먼저 다 가버렸으니
>
> 진한 곡소리
> 한번 못 들어보고
>
> 작은 흐느낌
> 몇 번으로 끝나버렸다
> ―「아버지의 장례식」 전문

위의 인용 시에서는 보다 구체적인 하나의 정황을 만나게 된다. "고모" 혹은 "이모"로 상징되는 전통적인 삶의 질서는 이미 소멸해, 누구도 아버지의 죽음 앞에서 "곡소리" 한번 내지 않았다는 시적 고백은 안타까움의 정서를 동반한다. 시적 화자가 돌아가신 아버지를 만나는 가상의 세계로 안내하는 매개물로서의 시계와 동일한 사물이 "카세트"이다. "낙상 이후 몸져누워/마지막까지 들고 사셨던/그 신형 카세트//지금도 가끔 반짝이고/어쩌다 소리까지 난다"(「카세트」)에서 보듯 아버지가 남겨놓은 시계 그리고 카세트와 같은 사물들은 시적 화자로 하여금 아버지를 연상케 하는 매개물이라 할 수 있다.

  이 시집에서 주목할 또 하나는 자연에 대한 깊은 사유라 할 수 있다. 여기서 자연이란 자연물이라기보다는 본성 혹은 사물의 이치에 가깝다는 점에서 시적 화자의 세계를 대하는 철학적 태도를 함유하고 있다.

    비 갠 뒤
    더 뜨거운 햇볕

    상가 옆 한적한 인도 가장자리
    한 뼘도 넘을 것 같은 지렁이
    한 마리 죽어 있다

    익사하지 않으려는 시도
    혹은,
    붉은 맨몸의 오체투지였나

    동네 개미란 개미, 하루살이, 똥파리까지
    묻지도 따지지도 않고
    각기 제 밥벌이의 환락 중이다

아직 꿈틀대는 듯 보여

목숨아,

누가 그 몸의 문자를 읽어줄까

―「죽어서 밥이 되다」 전문

　우리는 종종 이해할 수 없는 장면을 만나곤 하는데 폭염의 아스팔트 위에서 보게 되는 지렁이의 죽음이 그러하다. 왜인지 도무지 알 수 없는 한 개체의 죽음을 해석하고자 하는 시적 화자의 욕망은 그 죽음이 인간의 현실로 투영되는 까닭이다. "붉은 맨몸의 오체투지"로서의 지렁이의 죽음은 혹독한 현실을 살아내는 생명체로서의 몸부림이라 할 수 있다. 그 지렁이의 주검 앞에 모여든 또 다른 개체들의 삶이란 말 그대로 자연인 것이다. "동네 개미란 개미, 하루살이, 똥파리까지/묻지도 따지지도 않고/각기 제 밥벌이의 환락 중"인 존재의 행위 자체도 자연인 셈이다. 마지막 연에 등장하는 아직 생명이 남아 꿈틀대는 아니 "꿈틀대는 듯 보"이는 지렁이의 육체에 대해 시적 화자가 보이는 감정은 연민이다. 죽어가는 육체성에 고인 문자를 해석하고자 하는 시적 화자의 욕망은 자신의 몸에 새겨진 문자의 이면을 누군가 이해해 주기를 바라는 욕망과 일치한다. 생명에 대한 연민은 "저도 제 의지와 상관없이/험한 세상 나와서/다만/오늘을 살아갈 뿐이라는 걸/이 아침의 나는 알아버렸기에/죽일 수 없다."(「집게벌레」)는 시적 고백에

이르게 된다. 이 연민 뒤에 "저 집게벌레가 이 동네/진짜 원주인인지도 모른다."(「집게벌레」)는 시적 진술은 인간 중심의 세계에 대한 비판적 시각이 내재해 있다.

> 내가 너를 사랑하는 까닭은
> 자연의 섭리라고 해두자
>
> 한마음으로 기다릴 줄 아는
> 태산의 우직함이라고 해두자
>
> 아무도 모르게 긴 세월 참아낸
> 시간의 화석이라고 해두자
>
> 끊임없이 다시 고동치는
> 붉은 심장의 존재 이유라고 하자
>
> ─「까닭」 전문

이 시는 보다 직접적으로 "자연의 섭리"에 대해 말하고 있다. "너"라는 대상을 사랑하는 까닭이 "자연의 섭리"라는 것은 돌이킬 수 없는 불가역적이라는 것을 의미한다. "태산의 우직함" 그리고 "시간의 화석"도 "자연"에 상응하는 비유물이라 할 수 있다. "한마음으로 기다릴 줄 아는", "아무도 모르게 긴 세월 참아낸"과 같은 수식은 자연에 준하는 등가적 인간 행위라 할 수 있다. 그랬을 때 "붉은 심장"은 고동치는 것이다. 생명력이란 자연의 섭리 아래 인고하는 가운데 드러나는 법이다. 이 시집의 표제이기도 한 "붉은 심장의 존재 이유"는 태산의 우직함으로 기다리고, 긴 세월을 참아낸 시간의 화석 속에 자연의 섭리와의 교섭에 의해 가능하다는 것을 보여준다. 대교약졸(大巧若拙)의 형국과 같이 졸한 듯 보이지만 자연에 의지한 삶이 생명을 갖는다는 평범한 진리를 구현하고 있는 것이다. 범속한 일상을 통해 진리에 도달하는 혜안을 시집 곳곳에서 만나게 되는 것은 이 같은 사정에 연유한다.

    채 시들지도 않은
    배롱나무꽃
    길바닥을 덮고 있다

    무슨 빛나는 꿈
    손에 꼭 쥐었는지
    하나같이 고개 숙인 사람들
    무던히 밟고 지나간다

    시도 때도 없는 환호
    꽃길만 걸어라,

그게 아직 숨 쉬는 것 같은

저 여린 잎들

무심히 밟고 가는 거라면

단연코 나는 마다하리,

에움길로 멀리 돌아가런다

—「꽃길」 전문

    이 시는 하나의 풍경을 제시한다. "배롱나무꽃"이 온통 길바닥을 덮고 있는 풍경은 황홀한 것이며 그 "꽃길"을 걷는다는 행위의 상징성은 인간에게 "빛나는 꿈"과 같은 것으로 인식되기 십상이다. 하여 사람들은 스스로 꽃길을 걷고 타인에게 꽃길을 걸으라는 덕담을 건네는 것이다. 그러나 시적 화자는 "여린 잎들"을 "무심히 밟고 가는" 꽃길을 거부한다. 거부의 이유는 연민이지만 거친 세상을 살아온 내력과 깊은 관련이 있다. "태평양, 대서양, 인도양 등/오대양과 육대주/구석구석/배 닿은 곳이라면 다 돌아다닌"(「나중은 시작을 보증한다」) 이태연 시인의 이력은 이미 세상살이의 이치를 간파하고 있다. 편안하게 타자에 의해 만들어진 꽃길이란 있을 수 없으며 "에움길"로 가는 것이 세상살이의 정도라는 것을 설파하고 있는 셈이다. 범속한 일상의 깨우침을 통해 단번에 삶의 이치에 도달하는 것은 자신에게 주어진 삶을 투철하게 살아온 결과

일 터이다. "아내의 끊임없는 가르침과 질타로/이제 나는 집에서 앉아 볼일 보는 사람이 되었다"(「착한 사람」 전문)는 다소 해학적인 시 속에도 삶의 진리가 배어 있다. "착한 사람"이 되었다는 문장의 이면에는 아내와의 관계성이 가로놓여 있다. 중년의 지혜로운 삶의 방식이 해학적으로 제시되어 있는 것이다.

> 대부분
> 사람 마음
>
> 저
> 투명한
> 유리창 같아서
>
> 한번 깨지면
> 절대
> 복원 불가
>
> ―「유리창」 전문

이 짧은 시편도 경구와 같은 교훈성을 독자에게 제시한다. 일상에서 마주치는 평범한 사물과 그 사물성을 통해 인간관계에 대한 교훈을 던져주는 것이다. 어쩌면 시인에게 시란 심각한 비의적 세계의 탐구라기보다는 함께 살아가는 사람들과의 관계성에 대한 탐구이며 주변의 사물과 풍경에 대한 정서의 발로라 할 수 있다. 평범한 듯 보이지만 진리를 담고 있는 시적 발화의 출처는 이러한 시적 태도에서 비롯된다 할 수 있다. 또 하나 짚고 넘어갈 것은 짧은 시에서 드러나는 리듬감이다. 시조의 장을 연상케 하는 형식의 특징은 음악적 요소를 강화시키는 역할을 하고 있다.

> 필 때 질 것
> 이미 알고 있었지만
>
> 그렇다고
> 안 피울 수는 없는 노릇
>
> 예정된 저녁 비는
> 또 어쩔거나,
>
> 백일을 붉었어도 아쉬운
> 저 작은 꽃잎들
>
> ―「백일홍」전문

전통 서정을 연상시키는 내용과 더불어 절제된 시구의 운

용은 자연스럽게 리듬감을 불러온다. 각각의 연이 일정한 길이의 단위를 보여주면서 자연스럽게 구성되어 있다. 각 연이 3음보 내지는 4음보로 구성되어 있는 점은 앞에서 말한 바대로 시조를 연상시키는 요인이라 할 수 있다. 시인의 내면에서 우러나온 자연스러운 리듬감을 어떻게 살릴 것인가 하는 것은 앞으로의 과제라 할 것이다. 끝으로 시인으로서의 자의식에 관한 시가 몇 편 있는데 시가 시인에게 어떠한 의미인지를 살펴볼 수 있다.

나라와 겨레를 위해
목숨 걸고
소신껏 싸우다가 돌아가신 분 중
자신의 명을 다 살고 가시면 선생,
그렇지 못한 분은 의사, 열사로 분류된다고 한다.

김구 선생, 백기완 선생
안중근 의사, 윤봉길 의사, 이봉창 의사
유관순 열사, 나석주 열사, 이준 열사
등등

그릇도 작고
용기마저 약한 나는,

꽃이나 돌처럼

아무 조건 없이 부를 수 있는 시인으로

어렴풋이라도 기억되면 좋겠다.

―「시인」 전문

이 시에는 소박하지만 시인으로서의 간절한 바람이 새겨져 있다. 그저 "시인"으로 불리기를 바라는 간절한 욕망은 논어에 나오는 사무사(思無邪)의 지경에 그 끈이 닿아 있다. 보라, 착한 사람의 시가 여기에 있다. 시가 삿된 욕망의 도구로서 작동하는 것이 아니라 그저 시인으로 불리는, 그리하여 "어렴풋이라도 기억"되는 존재를 꿈꾸는 착한 사람의 시가 독자들에게 널리 읽히기를 바라는 바이다.

문학의전당 시인선 **388**

붉은 심장의 존재 이유라고 하자
ⓒ 이태연

초판 1쇄 인쇄	2025년 5월 7일
초판 1쇄 발행	2025년 5월 14일
지은이	이태연
펴낸이	고영
디자인	헤이존
펴낸곳	문학의전당
출판등록	제448-251002012000043호
주소	충북 단양군 적성면 도곡파랑로 178
전화	043-421-1977
전자우편	sbpoem@naver.com

ISBN 979-11-5896-690-4 03810

*이 책의 판권은 지은이와 문학의전당에 있습니다.
*양측의 서면 동의 없는 무단 전재 및 복제를 금합니다.
*잘못 만들어진 책은 바꿔드립니다.